AF297908

RECUEIL

DE

Leçons d'Harmonie

DONNANT

Le moyen de repasser facilement les Marches
et les formules Harmoniques les plus usitées.

Dédié à son Ami

PAUL HENRION

PAR

P.F. MONCOUTEAU

Organiste de S. Germain des Prés Professeur de Composition, ancien répétiteur à l'Institution
des Jeunes Aveugles, Auteur d'un traité d'Harmonie, d'un Manuel de transposition musicale,
de l'Explication des Accords et des Exercices Harmoniques et Mélodiques

Prix 7.50

A Lafont.

A PARIS, chez Alexandre GRUS, Boulevard Bonne Nouvelle, 31.
et chez L'AUTEUR, Place Dauphine, 9.

1852

PRÉFACE.

On n'a indiqué dans ce recueil que le chant et la basse de chaque leçon, comme dans l'exemple 1 ci-après.

Pour étudier ces exercices avec fruit, il faut toucher sur le piano ou écrire le chant et la basse marqués et remplir l'harmonie, qui doit être trouvée par l'élève, comme dans l'exemple 2 qui n'est que la répétition en accords du premier exemple:

EXEMPLE 1. Chant et Basse seuls.

EXEMPLE 2. Reproduisant le Chant et la Basse du 1.er exemple avec les accords.

On trouve en tête de chaque leçon la qualification de chant ou de basse, parceque les chants et les basses de ces exercices sont ceux que j'ai donnés sans accompagnements à la fin de mon ouvrage intitu- -lé **Exercices harmoniques et mélodiques,** dont ils forment pour ainsi dire le résumé; je les repro- -duis ici avec une seule partie d'accompagnement, pour guider ceux qui auraient de la peine à les bien harmoniser, et aussi pour donner le moyen de repasser, sans fatigue pour la mémoire, les marches et les formules harmoniques les plus usitées.

Quant aux personnes qui n'ont pas assez d'habitude pour faire les marches d'après la seule indica- -tion du chant et de la basse, elles peuvent recourir aux exercices harmoniques dont il a été parlé plus haut: elles y trouveront, à partir de la page 11, chaque marche faite séparement et ensuite combinée a- -vec d'autres dans des leçons du genre de celles-ci, mais avec tous les accords

On doit avoir soin de se rendre compte des diverses modulations que renferme chaque exercice, pour placer à propos dans l'accompagnement les dièzes ou les autres signes accidentels que nécessitent ces modulations.

Les pianistes feront bien de revenir sur le même exercice jusqu'à ce qu'ils puissent le jouer correc- -tement sans difficulté.

Ouvrages du même Auteur.

EXPLICATION DES ACCORDS ou abrégé des premiers principes de l'harmonie. Prix net 1.f 25.c

TRAITÉ D'HARMONIE contenant les règles et les exercices nécessaires pour apprendre à bien accompagner un chant. Prix marqué 20.f

MANUEL DE TRANSPOSITION MUSICALE. Prix net 2.f 50.c

EXERCICES HARMONIQUES ET MÉLODIQUES d'après un plan nouveau qui permet d'acquérir plus promptement l'habitude d'em- -ployer les accords avec goût. Prix marqué 12.f

RECUEIL DE LEÇONS D'HARMONIE donnant le moyen de repasser facilement les marches et les formules harmoniques les plus u- -sitées. Prix marqué 7.f 50.c

RECUEIL
de
LEÇONS D'HARMONIE.

P. F. MONCOUTEAU.

CHANT.
N.º 1.

N.º 2.
BASSE.

CHANT.
N.º 3.

N.º 4.
BASSE.

P. M. 164.

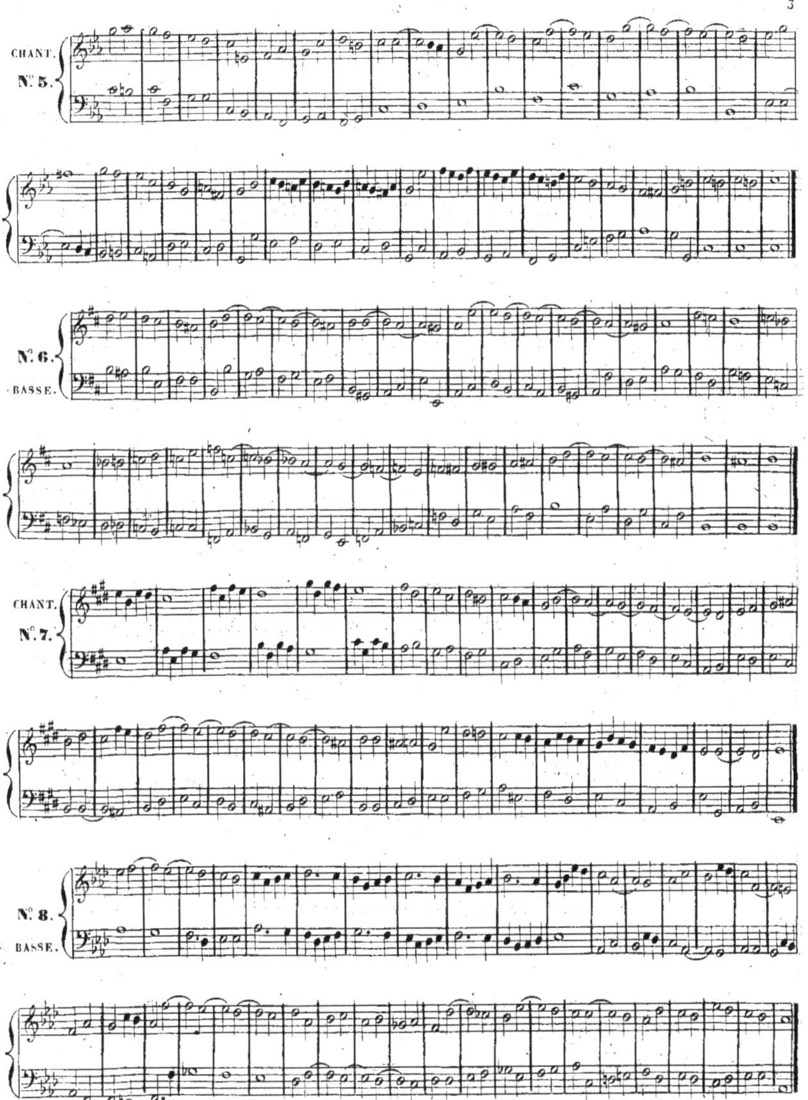

CHANT.
N.º 5.
N.º 6.
BASSE.
CHANT.
N.º 7.
N.º 8.
BASSE.

CHANT.
N.º 9.
N.º 10.
BASSE.
CHANT.
N.º 11.
N.º 12.
BASSE.
P. M. 164.

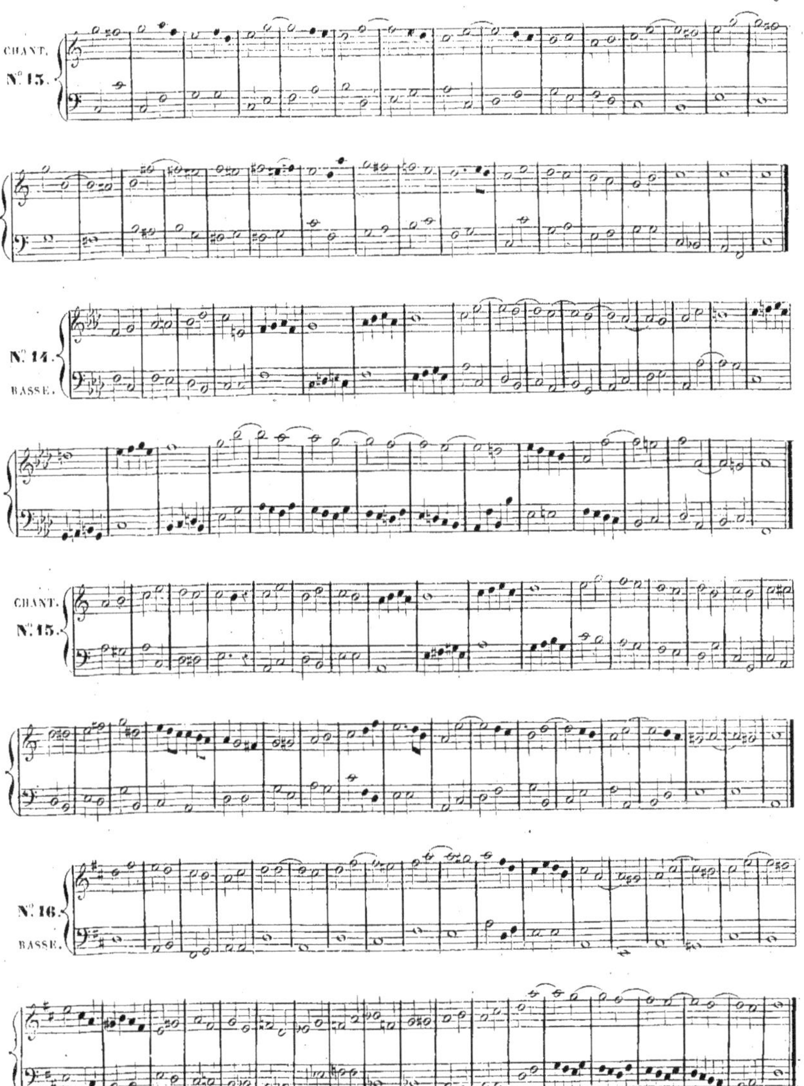

CHANT.
N.º 13.
N.º 14.
BASSE.
CHANT.
N.º 15.
N.º 16.
BASSE.

CHANT.
N.° 17.
N.° 18.
BASSE.
CHANT.
N.° 19.
N.° 20.
BASSE.

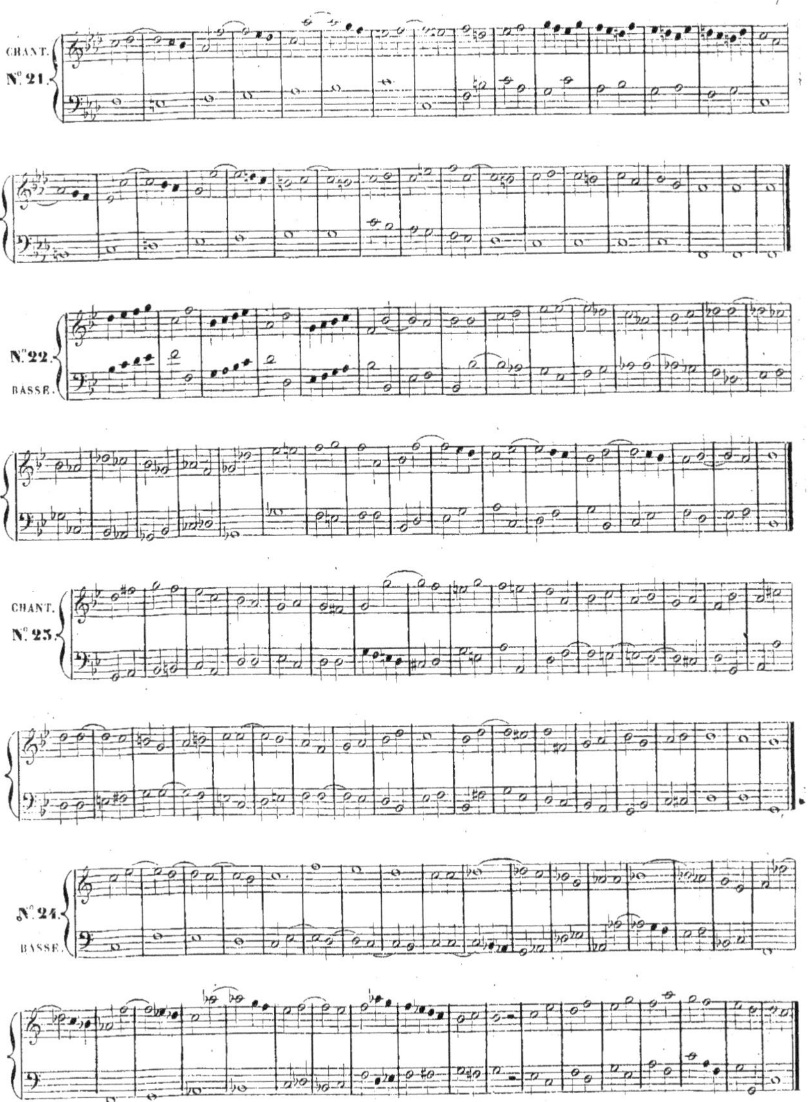

CHANT.
N° 21.
N° 22.
BASSE.
CHANT.
N° 23.
N° 24.
BASSE.

CHANT.
N.º 25.
N.º 26.
BASSE.
CHANT.
N.º 27.
N.º 28.
BASSE.

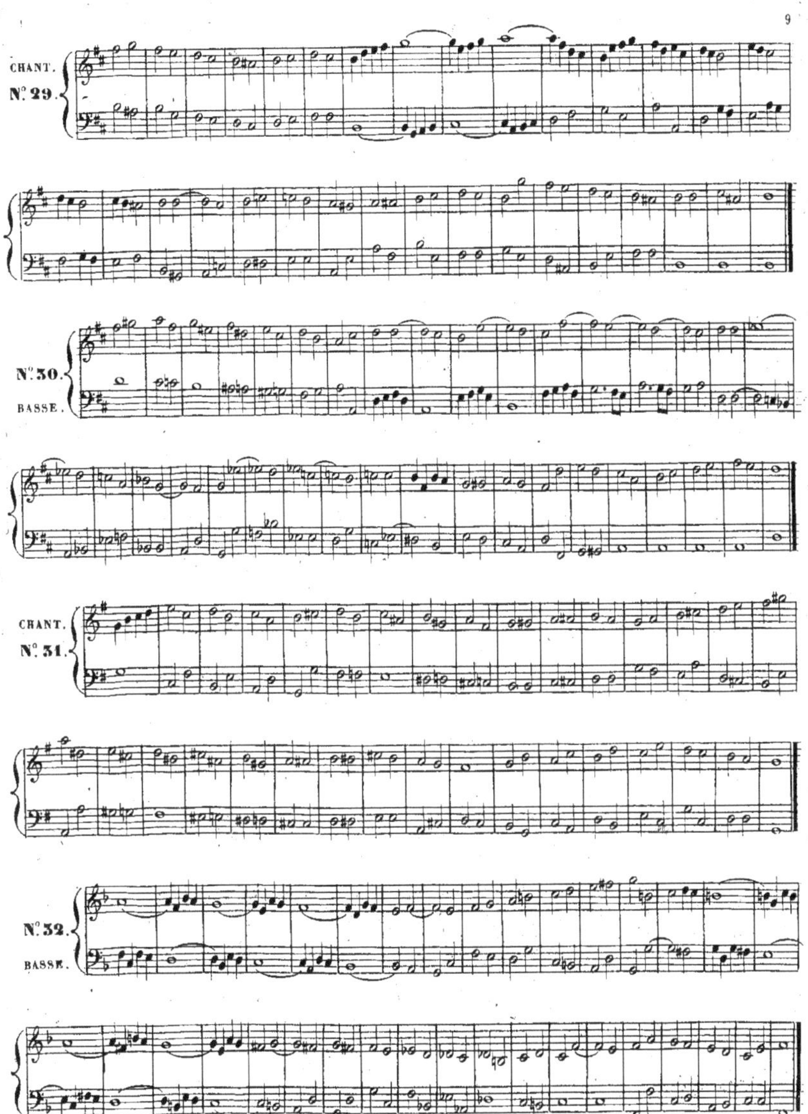
CHANT.
N.º 29.
N.º 30.
BASSE.
CHANT.
N.º 31.
N.º 32.
BASSE.

CHANT.
N.º 33.
N.º 34.
BASSE.
CHANT.
N.º 35.
N.º 36.
BASSE.

CHANT.
N.° 57.
N.° 58.
BASSE.
CHANT.
N.° 59.
N.° 40.
BASSE.

CHANT.
N.º 41.
N.º 42.
BASSE.
CHANT.
N.º 43.
N.º 44.
BASSE.

CHANT.
N.º 45.
N.º 46.
BASSE.
CHANT.
N.º 47.
N.º 48.
BASSE.